De: Jesús
Para: Mí
FREEDOM GLOBAL MINISTRY

© 2026 Freedom Global Ministry. Todos los derechos reservados.

Ninguna parte de esta publicación puede ser reproducida, almacenada en un sistema de recuperación o transmitida en forma alguna ni por ningún medio —electrónico, mecánico, fotocopia, grabación o cualquier otro— sin el permiso previo por escrito del titular de los derechos, excepto en el caso de citas breves utilizadas en reseñas o con fines educativos debidamente atribuidos.

Este libro se ofrece con fines informativos y formativos. No reemplaza consejería profesional, legal, psicológica, médica ni pastoral. Las opiniones expresadas corresponden a los autores y no necesariamente representan la postura oficial de organizaciones o instituciones mencionadas.

Prólogo

Este libro nace de una necesidad real.

Dentro de nuestro ministerio, Freedom Global Ministry, vimos algo que no siempre se dice en voz alta, pero que está presente en muchos corazones: personas que creen en Dios, que buscan a Jesús, pero que aún tienen una idea equivocada de quién es realmente. No porque no amen a Dios, sino porque lo que han aprendido, lo que han escuchado o lo que han vivido les ha formado una imagen incompleta, distante o incluso cargada de religiosidad.

Y cuando la imagen de Jesús no es correcta, la relación tampoco lo es.

Vimos mujeres que oraban, que buscaban, que querían hacer las cosas bien, pero que vivían con dudas, con presión, con inseguridad en su salvación y sin claridad en cómo caminar con

Dios en su día a día. Mujeres que conocían de Jesús, pero no sabían cómo vivir con Él de manera cercana, real y constante.

Fue en medio de eso que comenzaron a surgir estas palabras.

No como un contenido más, sino como una forma de presentar a Jesús tal como es: cercano, firme, amoroso, claro y presente en lo cotidiano. A medida que estas enseñanzas fueron llegando a sus vidas, algo empezó a cambiar. No desde la emoción momentánea, sino desde una comprensión más profunda. Hubo liberación. Hubo claridad. Hubo descanso. Y muchas comenzaron a vivir su fe de una manera distinta, más segura, más firme y más conectada con Dios.

Este libro no busca reemplazar la Palabra, sino llevarte a ella con una mirada más clara. No busca enseñarte religión, sino ayudarte a conocer a Jesús desde lo que Él mismo mostró en los evangelios, en su forma de hablar, de actuar y de relacionarse con las personas.

Porque cuando ves a Jesús correctamente, todo comienza a ordenarse.

Tu fe se afirma.
Tu relación se vuelve real.
Tu vida comienza a alinearse.

Este libro es para la mujer que ya cree, pero que sabe que hay una forma más profunda de vivir con Dios. Para la que desea claridad, seguridad en su salvación, dirección y una relación genuina con Jesús, libre de confusión y de cargas innecesarias.

Si decides leerlo con un corazón abierto, no buscando solo información, sino entendimiento, vas a comenzar a ver a Jesús de una manera diferente. Y cuando eso sucede, no solo cambia lo que crees... cambia la forma en la que vives.

Tabla de Contenido

Introducción

Una carta para ti

Quiero que sepas por qué estás aquí, leyendo estas palabras, porque no llegaste por casualidad ni por una simple curiosidad pasajera. Hay cosas dentro de ti que has estado cargando por mucho tiempo, pensamientos que vuelven una y otra vez, recuerdos que no desaparecen y una sensación constante de no estar haciendo lo suficiente, de no ser suficiente, incluso cuando intentas hacer las cosas bien. Yo lo sé, porque nada de lo que pasa en tu interior me es oculto.

Sé que hay momentos en los que sientes culpa, incluso después de haber pedido perdón. Momentos en los que te preguntas si realmente estoy contigo o si en algún punto me has fallado demasiado. Has intentado avanzar, has intentado dejar atrás lo que te pesa, pero hay algo dentro de ti que no te deja descansar completamente, como si siempre hubiera una voz recordándote lo que hiciste, lo que no hiciste o lo que debiste haber sido.

También sé que te has sentido cansada, no solo físicamente, sino en lo profundo de tu alma. Cansada de pensar tanto, de intentar hacerlo todo bien, de compararte, de sostener lo que parece demasiado para ti. Y en medio de todo eso, has intentado acercarte a Dios, pero a veces no sabes cómo hacerlo sin sentirte juzgada o insuficiente.

Por eso quiero hablarte claramente.

Yo no estoy esperándote desde la distancia, observando para ver en qué fallas. No estoy llevando un registro para condenarte ni alejándome cuando no cumples con lo que otros dicen que deberías ser. Yo conozco todo de ti, incluso lo que no te atreves a decir en voz alta, y aun así no me aparto.

Cuando estuve entre ustedes, no me acerqué a personas perfectas. Me acerqué a quienes cargaban vergüenza, a quienes eran señalados, a quienes sentían que ya no tenían oportunidad. No los rechacé, no los expuse, no los hice sentir menos. Los miré, los llamé y los restauré. Y eso no ha cambiado.

Tal vez has escuchado que seguirme es difícil, que vivir una vida conmigo es una carga pesada y que siempre estarás en deuda, intentando alcanzar algo que nunca llega. Pero eso no es lo que enseñé. Yo hablé de descanso para el alma, hablé de una carga ligera, hablé de una relación donde no caminas sola ni desde el agotamiento. No vine a añadir peso sobre ti, vine a quitar lo que te está quebrando por dentro.

Sí, hay un camino que recorrer, pero no es un camino de perfección, es un camino de cercanía. No es un camino donde tienes que demostrarme algo, es un camino donde aprendes a caminar conmigo.

Yo también viví momentos de angustia, sentí el peso de lo que venía, experimenté tristeza y dolor, pero nunca me desconecté del Padre. No ignoré lo que sentía, pero tampoco viví dominado por ello. Y eso es lo que quiero enseñarte, no a negar lo que hay en ti, sino a vivirlo conmigo de una manera diferente.

Este libro no es para darte información ni para que acumules conocimiento que luego se queda en la superficie. Es para que puedas escuchar mi voz sin distorsión, para que entiendas mi corazón completo y no solo fragmentos, y para que descubras que muchas de las cosas que creías sobre mí no reflejan quién soy realmente.

No quiero que sigas viviendo desde la culpa, ni desde el miedo de fallarme, ni desde la presión de tener que hacerlo todo perfecto. Quiero que entiendas cómo es caminar conmigo de verdad, en lo cotidiano, en lo que sientes, en lo que piensas y en lo que decides cada día.

No necesitas arreglar tu vida primero para acercarte a mí. No necesitas tener respuestas, ni palabras correctas, ni una imagen perfecta. Solo necesitas estar dispuesta a escuchar y a dejar que te guíe.

Mientras leas, no lo hagas con prisa. Permite que cada palabra llegue a donde tiene que llegar. Porque no estoy hablándole a lo que muestras por fuera, estoy hablándole a lo que llevas por dentro.

Y mi deseo no es señalarte… es restaurarte.

No estás sola. Nunca lo has estado. Y no tienes que seguir viviendo como si lo estuvieras.

Capítulo 1

Conóceme de verdad

Hija, deseo que me conozcas de verdad, no por lo que otros han dicho de mí ni por ideas incompletas o frases que has escuchado sin comprenderlas del todo, sino por quien realmente soy. Porque muchos han hablado en mi nombre, pero no todos han reflejado mi corazón, y cuando eso sucede, se crea una imagen distorsionada que te hace verme lejano, exigente o difícil de alcanzar, como si tuvieras que cumplir algo antes de poder acercarte con libertad.

Yo no vine para que me conocieras por partes. No vine para que tomaras una frase aislada y construyeras toda tu vida alrededor de ella sin entender lo que quise mostrar con cada paso que di. Vine para revelarte al Padre, para que al verme a mí pudieras entender cómo es Dios realmente. Todo lo que hice, todo lo que dije, cada forma en la que traté a las personas, no fue accidental, fue una revelación constante, una manera clara de mostrarte que Dios no es como muchos lo han presentado.

Cuando me veías acercarme a alguien que todos rechazaban, estabas viendo el corazón del Padre. Cuando me sentaba a comer con personas que otros señalaban, estabas viendo el corazón del Padre. Cuando hablaba con paciencia, cuando restauraba en lugar de condenar, cuando miraba más allá de los errores sin ignorar la verdad, no eran acciones aisladas, era la expresión visible de quién es Dios y de cómo Él se relaciona contigo.

Por eso es importante que no te quedes con lo superficial. No quiero que me conozcas por lo que alguien más resumió ni por lo que parece más fácil de aceptar. Quiero que me conozcas completo, que observes cómo caminaba, cómo respondía, cómo amaba, cómo corregía y cómo permanecía firme sin perder la compasión. Porque es ahí, en ese equilibrio entre verdad y amor, donde vas a encontrar la claridad que tanto has estado buscando.

Sé que en algún momento has sentido que no entiendes bien cómo es Dios contigo. Has escuchado cosas que te han hecho pensar que Él está esperando que falles, que está midiendo cada uno de tus pasos o que su cercanía depende de lo bien que lo hagas. Y aunque no siempre lo digas en voz alta, hay momentos en los que te acercas con cuidado, como si tuvieras que asegurarte de no decepcionarme.

Pero si me has visto a mí, has visto al Padre.

Y yo no caminaba alejándome de los que necesitaban ayuda, ni rechazando a los que venían con cargas, ni exigiendo perfección antes de acercarme. Yo me acerqué primero. No esperé a que las personas cambiaran para hablarles, no pedí que tuvieran todo en orden para sentarme con ellas, no establecí condiciones para mostrar cercanía. Fui hacia donde estaban, en su realidad, en su condición, en su proceso.

Y eso no ha cambiado contigo.

No tienes que alcanzar un nivel para que yo me acerque. No tienes que convertirte en alguien diferente para que yo te escuche. No tienes que arreglar tu vida antes de venir a mí. Yo no me relaciono contigo desde la exigencia, sino desde el deseo de caminar contigo mientras vas siendo transformada.

Pero para que puedas vivir esto, necesitas conocerme más allá de lo que has escuchado. Necesitas dejar de verme como una idea y empezar a verme como alguien real, cercano, presente en tu vida. No como alguien que solo aparece en momentos religiosos, sino como alguien que está contigo en lo cotidiano, en lo que piensas, en lo que sientes y en lo que enfrentas cada día.

Por eso te invito a que no te conformes con lo poco. No te quedes con un versículo sin entender su profundidad ni construyas tu idea de mí con fragmentos aislados. Mírame completo. Escucha todo lo que dije. Observa cómo viví. Porque en eso vas a encontrar una verdad que no solo se entiende, sino que transforma la manera en que te relacionas conmigo y contigo misma.

Y también quiero que entiendas algo más, hija, porque no solo quiero que me conozcas, quiero que ese conocimiento transforme la forma en que vives. Así como me ves acercarme a otros sin rechazarlos, quiero que tú también aprendas a acercarte. Así como me ves mirar más allá del error, quiero que tú también aprendas a no definir a las personas por sus momentos más débiles. Así como me ves caminar con paciencia y verdad, quiero que ese mismo carácter comience a formarse en ti.

No te estoy llamando a imitar una imagen externa, sino a permitir que mi forma de vivir transforme tu manera de pensar, de hablar y de responder. Porque conocerme realmente no se queda en lo que entiendes, se refleja en cómo vives.

No quiero que vivas confundida sobre quién soy. No quiero que te acerques con miedo, pensando que tienes que cuidarte de no fallar. Quiero que me conozcas de una manera que te dé seguridad, que te dé paz y que te permita acercarte sin esconderte, sabiendo que no estoy esperando rechazarte, sino guiarte.

Porque cuando realmente me conoces, muchas de las ideas que te han pesado empiezan a caer. Empiezas a entender que no estoy en tu vida para complicarla, sino para guiarla, no para alejarte, sino para acercarte, no para exigirte desde la distancia, sino para caminar contigo.

Y antes de hablarte de todo lo que estás viviendo, de lo que sientes y de lo que te preocupa, quiero que tengas esto claro en lo más profundo de tu corazón, porque esto va a cambiar la forma en que entiendes todo lo demás.

Antes de hablarte de tu vida… quiero que sepas cómo te veo.

Capítulo 2

Cuando todos te señalan... yo no te condeno

Hubo un momento en el que trajeron a una mujer delante de mí, no porque ella estuviera buscando ayuda ni porque quisiera acercarse, sino porque otros decidieron exponerla públicamente. La encontraron en medio de su error y la llevaron sin darle espacio para explicarse, colocándola en el centro como alguien que debía ser juzgada delante de todos. La rodearon con miradas que no estaban llenas de compasión, sino de juicio, y comenzaron a hablar de lo que había hecho como si ese momento definiera completamente quién era. No estaban interesados en su restauración ni en su corazón, sino en utilizar su situación para acusar, para señalar y para sostener su propia posición delante de los demás.

Mientras hablaban, lo hacían con seguridad, convencidos de que tenían la razón y de que lo que correspondía era una condena. Se apoyaban en la ley, pero no desde un corazón que busca justicia, sino desde uno que ya había decidido el resultado. No estaban buscando entender, ni escuchar, ni mucho menos levantar a esa mujer; estaban buscando una respuesta que confirmara lo que ya habían establecido. También querían ponerme a prueba, obligarme a responder dentro de sus expectativas, como si la verdad pudiera ser manipulada por la presión del momento o por la opinión de la mayoría.

Yo no respondí de inmediato, no porque no supiera qué decir, sino porque no iba a permitir que la acusación dictara el ritmo de lo que debía hacerse. Me incliné y escribí en el suelo, no como una evasión, sino como una decisión consciente de no entrar en el ruido que ellos estaban creando. Insistieron, querían una respuesta rápida, una reacción que respaldara su juicio, pero cuando finalmente hablé, no dirigí mis palabras a la mujer, sino a quienes la acusaban, porque antes de restaurar a quien está en el suelo, es necesario confrontar el corazón de quien se cree en posición de levantar la piedra.

Les dije que quien estuviera libre de culpa fuera el primero en ejecutar el juicio, y en ese instante el ambiente cambió. Lo que antes era firmeza se convirtió en silencio, y uno a uno comenzaron a irse, comenzando por los mayores, porque la verdad no solo expone acciones, también revela intenciones. Nadie pudo sostener su posición cuando la verdad tocó su propia vida. Cuando todos se retiraron, ya no quedaba nadie alrededor, y aquella mujer dejó de estar rodeada de voces que la definían para quedarse frente a mí, sin interrupciones, sin presión y sin el peso de la mirada de otros.

Entonces le hablé directamente, no ignorando lo que había sucedido, pero tampoco reduciéndola a su error. Le hice notar que ya no había nadie que la estuviera acusando, no para minimizar lo ocurrido, sino para que pudiera ver que aquello que parecía definitivo ya no tenía autoridad sobre ella. Fue en ese momento cuando le dije que yo tampoco la condenaba, y esa declaración no nació de la indiferencia, sino de una intención clara de restaurar sin destruir, de corregir sin humillar y de liberar sin ignorar la verdad. Después de eso, le di dirección, porque mi propósito nunca ha sido dejar a las personas en el mismo lugar en el que las encuentro. No la liberé para que continuara viviendo de la misma manera, sino para que pudiera caminar de una forma diferente, sin el peso de la culpa pero también con claridad sobre el camino que debía seguir. Mi respuesta no fue solo quitar la condena, fue abrir una oportunidad de transformación.

Ahora quiero que entiendas lo que esto significa para ti, porque aunque no hayas estado en ese lugar físicamente, hay momentos en los que tu corazón ha estado exactamente ahí. Has sentido lo que es estar expuesta, aunque nadie lo haya visto con sus ojos. Has sentido lo que es cargar con algo que te avergüenza, incluso cuando intentas seguir adelante. Hay recuerdos que no necesitas que nadie mencione, porque tú misma los recuerdas, y hay pensamientos que regresan en silencio, haciéndote sentir que lo que hiciste sigue definiéndote.

Tal vez no hay una multitud alrededor señalándote, pero dentro de ti hay una voz que no se calla, una voz que repite lo que pasó, que te recuerda lo que perdiste, lo que dañaste o lo que no hiciste bien. Esa voz te hace sentir que no puedes acercarte con libertad, que debes mantener cierta distancia, que tienes que demostrar algo antes de sentirte en paz conmigo. Y sin darte cuenta, comienzas a relacionarte conmigo desde la culpa, no desde la cercanía.

Quiero que entiendas algo con claridad, porque esto es lo que cambia todo: esa voz que te acusa constantemente no viene de mí. Yo no hablo a tu vida para mantenerte atada a tu pasado, ni para hacerte sentir que siempre estás en deuda. Cuando yo hablo, no te dejo en el suelo, no te dejo expuesta, no te dejo definida por tu error. Mi voz no te aplasta, mi voz te levanta.

Pero también sé que hay algo dentro de ti que te cuesta creer esto completamente, porque has aprendido a asociar el error con el rechazo, el fallo con la distancia y la imperfección con la pérdida de amor. Has aprendido a pensar que, si no haces las cosas bien, entonces yo me alejo, y aunque no lo digas en voz alta, hay momentos en los que sientes que tienes que ganarte mi cercanía otra vez. Eso no es cierto. Yo no me acerco a ti porque lo merezcas, ni me alejo cuando fallas. Mi acercamiento no depende de tu desempeño, sino de mi amor, y ese amor no cambia cada vez que te equivocas. Si así fuera, nadie podría permanecer cerca de mí.

Sin embargo, quiero que entiendas también que mi gracia no es una forma de ignorar lo que te hace daño. Yo no te libero para que permanezcas en aquello que te está rompiendo por dentro. Cuando te digo que no te condeno, lo hago para que puedas levantarte sin el peso que te paraliza, pero también para que no sigas caminando hacia lo mismo que te hiere. No quiero que vivas atrapada entre dos extremos: ni en la culpa constante que no te deja avanzar, ni en la indiferencia que te hace pensar que nada importa. Quiero que vivas en la verdad, y la verdad es que eres más que lo que hiciste, pero también estás llamada a vivir de una manera diferente.

Por eso, deja de colocarte en el lugar donde ya no estás. Deja de repetir en tu mente lo que yo ya no te estoy diciendo. Deja de sostener una acusación que yo no estoy levantando contra ti. Mírame, porque mi postura no es la de alguien que está esperando castigarte, sino la de alguien que ya decidió acercarse, quedarse y hablarte con verdad.

Y ahora quiero que des un paso más, porque no solo te estoy mostrando cómo te miro, también estoy transformando la forma en que tú miras a los demás. Aquellos que trajeron a esa mujer estaban convencidos de que estaban en lo correcto, pero su corazón no estaba alineado con el mío, porque es posible conocer lo que está mal y aun así no reflejar mi carácter al responder. No quiero que seas parte de una voz que acusa con facilidad, ni que encuentres seguridad en señalar lo que otros hacen para sentirte en una mejor posición. No quiero que participes en conversaciones que destruyen, ni que tus palabras, tus miradas o tus pensamientos se conviertan en piedras que otros tienen que cargar, porque lo que haces con el error de otro revela lo que hay en tu corazón.

Cuando caminas conmigo, aprendes a detenerte antes de juzgar, a examinar tu propio corazón antes de hablar y a entender que cada persona que ves también está en un proceso. No te estoy llamando a ignorar la verdad ni a justificar lo que está mal, pero sí te estoy llamando a no ocupar un lugar que no te corresponde, el lugar de quien condena. Recuerda lo que dije aquel día, porque no fue solo para ellos, también es para ti: quien esté libre de culpa, que sea el primero en señalar. No para que vivas en culpa, sino para que vivas en humildad, para que entiendas que así como yo tuve misericordia contigo, también quiero que tú la tengas con otros.

No quiero que repitas el mismo rechazo que en algún momento te hirió. No quiero que vivas midiendo a otros por sus errores, ni que definas a alguien por su peor momento. Quiero que aprendas a mirar con verdad, pero también con compasión, a hablar con sabiduría y a actuar con un corazón que busca restaurar, no destruir. Porque cuando realmente entiendes cómo te he tratado, no puedes seguir tratando a los demás de la misma manera que el mundo lo hace.

No te quedes en el suelo cuando ya no hay nadie que te esté señalando. No sigas viviendo como si la historia terminara en tu error, porque yo no la dejé ahí. Cuando te levanto, no lo hago para devolverte a lo mismo, sino para que entiendas que hay una forma diferente de vivir, una forma donde no estás definida por tu pasado, sino guiada por mi voz. Y mientras aprendes a caminar así, también aprenderás a ser parte de la restauración de otros, no desde la superioridad, sino desde la misma gracia que un día te alcanzó.

Y si decides creerme, aunque sea poco a poco, vas a empezar a experimentar algo que no habías podido sostener por mucho tiempo: una vida donde puedes mirarme sin esconderte, acercarte sin miedo y avanzar sin cargar lo que ya no te pertenece.

Capítulo 3

Aunque otros te rechacen... yo me acerco a ti

Hubo un momento en el que decidí pasar por Samaria, aun sabiendo que muchos evitaban ese camino. No era la ruta que otros elegirían ni el lugar donde esperaban encontrarme, pero yo no me movía por las barreras que las personas levantan entre sí, sino por lo que sabía que debía hacer. Llegué a un pozo en medio del día, cuando el sol estaba en lo más alto y el calor hacía que ese no fuera un momento común para salir, y me senté allí a esperar.

Entonces ella llegó, sola.

No era casualidad que estuviera allí a esa hora. Las mujeres solían ir en grupo, en otros momentos del día, cuando el ambiente era más fresco y la compañía hacía el camino más ligero. Pero ella había aprendido a ir cuando nadie más estaba, a evitar encuentros, a moverse en los espacios donde no tendría que sostener miradas ni enfrentar comentarios. Su forma de vivir ya había sido marcada por el rechazo, y sin darse cuenta, había comenzado a organizar su vida alrededor de evitarlo.

Cuando la vi, fui yo quien inició la conversación. Le pedí agua, algo sencillo, pero suficiente para romper la distancia que otros habían establecido. Ella se sorprendió, porque sabía que esa conversación no era común, no solo por lo que representaba culturalmente, sino por todo lo que su historia cargaba detrás.

Entonces le hablé de algo más profundo.

Le dije que si entendiera quién le estaba hablando, no solo me daría agua, sino que ella misma pediría algo diferente, algo que no se encuentra en un pozo ni se obtiene con esfuerzo humano. Le hablé de un agua viva, de una que no se agota, de una que no necesita ser buscada una y otra vez porque satisface de una manera que nada externo puede lograr. Ella no lo entendió al principio, porque su mirada estaba puesta en lo natural, en lo que se ve, en lo que se toca, en lo que se repite todos los días.

Por eso fui más profundo.

Le hablé de su vida, de las relaciones que había tenido, de la forma en que había intentado llenar algo que seguía vacío. No lo hice para exponerla ni para hacerla sentir pequeña, sino porque no se puede ofrecer algo verdadero si se ignora lo que realmente está pasando dentro. Ella se dio cuenta de que yo la conocía, no superficialmente, sino completamente, y aun así no me alejé.

Eso fue lo que cambió todo.

Porque ella estaba acostumbrada a que, cuando alguien conocía su historia, la reacción fuera distancia, juicio o rechazo. Pero conmigo no fue así. Yo no cambié mi forma de mirarla, no retrocedí, no ajusté mi cercanía. Permanecí ahí, hablándole con la misma intención con la que inicié la conversación, mostrándole que su valor no estaba definido por lo que había vivido, ni por las decisiones que había tomado intentando llenar un vacío que nadie había sabido entender.

Quiero que veas esto con claridad, porque también habla de ti.

Hay partes de tu vida que quizás has aprendido a esconder, no porque no existan, sino porque has aprendido que no siempre son bien recibidas. Has sentido rechazo en diferentes formas, algunas evidentes y otras más silenciosas, pero igual de profundas. Y con el tiempo, eso puede hacerte creer que hay algo en ti que siempre será motivo de distancia, algo que debes ajustar antes de poder acercarte con libertad.

Incluso puede que te acerques a mí de esa manera, con cuidado, midiendo lo que dices, como si hubiera partes de ti que no pueden ser completamente vistas sin cambiar mi forma de responder.

Pero eso no es lo que viste en ese encuentro.

Yo no me acerqué a ella ignorando su historia, me acerqué conociéndola completamente. No descubrí su vida en ese momento, ya la conocía, y aun así decidí hablarle, quedarme y ofrecerle algo diferente. Mi cercanía no dependía de su pasado, ni de su presente, ni de lo que otros pensaban de ella.

Y eso no ha cambiado contigo.

Yo me acerco a ti sabiendo todo, incluso lo que tú misma evitas mirar. No necesito que organices tu vida antes de venir a mí, ni que resuelvas todo lo que te incomoda. Mi intención no es observarte desde la distancia hasta que cumplas con algo, es acercarme para transformar desde adentro.

Por eso le hablé del agua viva.

No era solo una metáfora, era una invitación. Le estaba mostrando que había una forma diferente de vivir, una donde no tienes que volver constantemente a lo mismo esperando sentirte completa, una donde lo que sostiene tu vida no depende de lo externo ni de lo que otros te dan o te quitan. Esa agua representa una vida que nace desde dentro, una relación conmigo que no se agota ni se rompe con facilidad.

Eso es lo que quiero darte a ti también.

No una aceptación momentánea, no una paz que depende de circunstancias, sino algo que permanezca, que transforme la forma en que te ves y la manera en que caminas.

Pero hay algo más que quiero que entiendas.

Así como yo me acerqué a ella sin rechazarla, también te estoy mostrando cómo vivir con los demás.

Porque es fácil desear ser aceptada, pero también estás llamada a aprender a mirar como yo miro. A no definir a otros por lo que han hecho, a no levantar distancia donde yo me acerco, a no repetir el mismo rechazo que en algún momento te hizo daño.

No quiero que vivas protegiéndote tanto que termines alejándote de las personas de la misma forma en que otros se alejaron de ti. Tampoco quiero que te acostumbres a ver a los demás desde su error, porque eso no es lo que yo hice contigo.

Cuando aprendes a caminar conmigo, también aprendes a relacionarte diferente. Empiezas a ver más allá de lo evidente, a escuchar más allá de lo que se dice y a entender que muchas personas están actuando desde heridas que no han sido sanadas.

Por eso, así como yo me acerqué a ti, quiero que tú también aprendas a acercarte.

No desde la ingenuidad, ni ignorando la verdad, sino desde un corazón que no rechaza, que no se levanta para juzgar, que no construye distancia sin razón. Un corazón que sabe que restaurar siempre será más poderoso que señalar.

Pero antes de mirar a otros, mírate a ti a través de mis ojos.

Deja de definirte por el rechazo que has experimentado. No construyas tu identidad sobre momentos que no reflejan lo que yo veo cuando te miro. Cuando yo me acerco a ti, no lo hago por lo que otros han decidido ver, sino por lo que yo sé que hay en ti.

Y lo que veo no me aleja.

Me acerca… y me hace quedarme.

Capítulo 4

No necesitas ser perfecta para que yo te ame

Si has llegado hasta aquí, hija, no es por casualidad. No has seguido leyendo por obligación ni por curiosidad momentánea, sino porque hay algo dentro de ti que reconoce mi voz, que quiere entenderme más allá de lo que has escuchado y que, aunque no lo tengas todo claro, ha decidido acercarse. Y eso ya dice mucho de tu corazón.

Ya has visto cómo he respondido en otras historias, cómo me he acercado, cómo he hablado, cómo no he reaccionado como muchos esperaban, y si prestas atención, comenzarás a notar que no son momentos aislados, sino la forma en la que siempre he sido. No cambio dependiendo de la persona, ni ajusto mi carácter según la situación; mi manera de amar, de responder y de acercarme nace de quién soy, no de quién tienes que ser tú.

Pero hay algo que todavía necesito mostrarte, algo que no se trata solo de cómo yo me acerco a ti, sino de cómo tú te acercas a mí.

Hubo un momento en el que estaba en la casa de un fariseo, sentado a la mesa con personas que sabían lo correcto, que entendían las normas y que vivían dentro de una estructura donde todo tenía un lugar definido. Era un ambiente donde todo parecía estar en orden, pero donde el corazón no siempre estaba dispuesto.

En medio de ese espacio, una mujer entró sin ser invitada.

No llegó con seguridad en sí misma, ni con una imagen que proteger, ni con una posición que defender. Llegó sabiendo cómo era vista, sabiendo lo que otros pensaban de ella, sabiendo que ese no era su lugar según las reglas de quienes estaban allí. Pero aun con todo eso, no se detuvo.

Se acercó a mí.

No se quedó a distancia, no esperó aprobación, no buscó validación en los demás. Se acercó directamente, sin negociar su decisión, sin medir si era el momento correcto, sin preguntarse si sería aceptada.

Y cuando llegó, no habló.

Respondió.

Se colocó a mis pies y comenzó a llorar, y esas lágrimas no eran una actuación ni una reacción superficial. Era su corazón abriéndose sin reservas, sin filtros, sin intentar controlar cómo se veía. No estaba pensando en quién la observaba, ni en cómo sería interpretada; estaba completamente enfocada en mí.

Comenzó a limpiar mis pies con sus lágrimas y con su cabello, y luego derramó el perfume que había traído, no como un gesto calculado, sino como una expresión sincera de entrega. No estaba intentando impresionar, ni demostrar, ni compensar. Estaba respondiendo.

Y eso es lo que muchos no entendieron.

Los que estaban allí la miraron desde su historia, desde lo que sabían de ella, desde lo que había hecho, y no pudieron ver más allá. Para ellos, su pasado era suficiente para definirla, y su acercamiento era inapropiado.

Pero yo no estaba mirando eso.

Yo estaba viendo algo que no todos perciben: un corazón que ha entendido.

Por eso hablé, no para defenderla de los demás, sino para revelar lo que estaba ocurriendo. Mostré que quien ha sido perdonado profundamente responde de una manera diferente, porque ya no vive desde la distancia, ni desde la apariencia, ni desde el intento de cumplir, sino desde el reconocimiento.

Luego le hablé directamente, y le dije que sus pecados habían sido perdonados, que su fe la había salvado, y la envié en paz. No porque su acción hubiera comprado algo, sino porque su corazón estaba en una posición donde podía recibir.

Ahora quiero que entiendas esto, hija, porque este momento no se trata solo de ella.

Se trata de ti.

Tú puedes saber de mí, puedes escuchar de mí, puedes incluso decir que crees en mí, pero eso no es lo mismo que acercarte de verdad. Hay una diferencia entre conocerme de lejos y responder desde lo profundo de tu corazón.

Esa mujer no llegó perfecta, pero tampoco llegó indiferente. No llegó escondiéndose, ni manteniendo distancia, ni tratando de aparentar que todo estaba bien. Llegó con verdad, y eso cambió la forma en que se relacionó conmigo.

Y eso es lo que quiero de ti.

No quiero que te acerques a medias. No quiero que mantengas una distancia segura donde puedes sentirte cómoda pero no transformada. No quiero que midas cuánto das, cuánto te acercas o cuánto te involucras.

Quiero que respondas.

Porque hija, mi amor por ti no depende de que seas perfecta, pero tu experiencia conmigo sí depende de qué tan dispuesta estás a acercarte sin reservas.

No estoy esperando que lo hagas todo bien para amarte, pero sí estoy invitándote a que no te quedes en una relación superficial conmigo. No te llamo a que te escondas detrás de lo que sabes, sino a que vengas con lo que eres.

Y así como has visto en cada historia que has leído hasta ahora cómo me acerco, quiero que también comiences a ver cómo puedes responder.

No desde el miedo.
No desde la culpa.
No desde la obligación.

Sino desde un corazón que reconoce.

Porque cuando realmente entiendes quién soy, ya no necesitas que alguien te diga cómo acercarte. Tu corazón empieza a moverse solo, no por presión, sino por relación.

Mírame, hija.

No estoy midiendo si eres suficiente.
No estoy esperando que lo hagas perfecto.
No estoy alejándome por tu proceso.

Pero tampoco quiero que te quedes a distancia.

Quiero que te acerques.

De verdad.

Capítulo 5

Cuando te sientas cansada... yo te doy descanso

Hija, sé que hay un cansancio que no siempre se ve desde afuera, uno que no se refleja necesariamente en tu cuerpo, pero que se acumula en lo profundo de tu interior y termina afectando la manera en que piensas, sientes y enfrentas cada día. No es únicamente el resultado de lo que haces, ni de las responsabilidades que tienes, sino de todo lo que has estado sosteniendo dentro de ti sin darte cuenta, de todo lo que has asumido como tuyo aunque nunca te lo pedí.

He visto cómo intentas hacerlo bien, cómo te esfuerzas por cumplir, por responder, por no fallar, y aunque ese deseo nace de algo genuino, muchas veces termina convirtiéndose en una carga que te desgasta más de lo que te fortalece. Has aprendido a exigirte más de lo necesario, a cargar con expectativas que no vienen de mí y a medir tu valor por lo que logras o por lo que aún sientes que te falta, y sin darte cuenta, has construido una forma de vivir donde el descanso parece algo lejano, casi inalcanzable.

Por eso te hablé de descanso, no como una idea bonita ni como una frase para aliviar un momento difícil, sino como una invitación real a vivir de una manera distinta. Cuando dije que vinieras a mí si estabas cansada y cargada, no me refería solo a momentos específicos de agotamiento, sino a una forma de vida en la que dejas de sostener lo que no te corresponde y comienzas a caminar conmigo sin ese peso constante que has aprendido a llevar.

Porque hay cosas que has tomado como tuyas que nunca te pedí que cargaras, pensamientos que has aceptado como verdad que no vienen de mí, y responsabilidades internas que has asumido como necesarias cuando en realidad te están agotando. Has cargado con la necesidad de hacerlo todo perfecto, como si un error pudiera alejarte de mí; has cargado con la presión de sostener todo a tu alrededor, como si todo dependiera de ti; has cargado con preocupaciones que se repiten una y otra vez, ocupando tu mente y robando tu paz, y todo eso ha ido formando un peso que no necesitas llevar.

Ese no es el descanso que yo te ofrecí.

Cuando hablé de un yugo ligero, no estaba diciendo que no habría camino, ni decisiones, ni crecimiento, sino que no tendrías que vivirlo desde la carga ni desde la soledad. El yugo une, no separa, y cuando te invité a tomar el mío, te estaba invitando a caminar conmigo, no intentando alcanzarme ni tratando de controlar lo que no te corresponde, sino avanzando a mi lado, en un ritmo que no te rompe ni te agota por dentro.

Pero para vivir de esa manera, necesitas aprender a soltar, y sé que eso no siempre es fácil porque te has acostumbrado a funcionar desde la carga. Has llegado a pensar que si no sostienes todo, algo se va a desordenar, que si no te exiges, te vas a quedar atrás, que si no te preocupas, entonces no estás haciendo lo suficiente. Sin darte cuenta, has convertido el peso en una forma de seguridad, aunque al mismo tiempo sea lo que más te está desgastando.

Por eso quiero que lo veas con claridad: no todo lo que estás cargando viene de mí.

Hay pensamientos que te empujan a sentir que nunca es suficiente lo que haces, hay expectativas que te hacen vivir en una presión constante, y hay una forma de hablarte a ti misma que no refleja mi voz. Yo no te guío hacia la ansiedad ni te sostengo en el agotamiento; cuando yo hablo, te alineo, te ordeno y te llevo hacia un lugar donde puedes respirar sin sentir que todo depende de ti.

Cuando caminaba entre las personas, había momentos de demanda, decisiones importantes y situaciones complejas, pero en medio de todo eso no vivía desde la presión ni desde la ansiedad. Permanecía en el Padre, no reaccionando desde la urgencia ni moviéndome por la necesidad de agradar a todos, sino caminando con intención, con claridad y con un descanso interior que no dependía de las circunstancias externas.

Eso es lo que quiero enseñarte.

No un descanso que solo llega cuando todo está resuelto, sino uno que permanece aun cuando estás en proceso. No un descanso que depende de dejar de hacer, sino uno que nace de cómo estás caminando y desde dónde estás viviendo lo que haces.

Por eso, hija, necesitas empezar a reconocer lo que no viene de mí, porque no todo lo que sientes, piensas o cargas refleja mi corazón hacia ti. Hay una diferencia entre lo que yo pongo sobre tu vida y lo que has aprendido a poner sobre ti misma, y mientras no la identifiques, seguirás viviendo bajo un peso que no necesitas llevar.

Aquí es donde comienza el cambio, no solo viniendo a mí en los momentos de cansancio, sino aprendiendo a vivir de una manera donde ya no acumulas ese cansancio constantemente. Se trata de soltar lo que no te corresponde, de dejar de sostener lo que no te pedí y de permitirte caminar desde un lugar donde puedes respirar, donde no todo recae sobre ti y donde tu alma no vive en un estado continuo de desgaste.

Y así como quiero enseñarte a vivir esto contigo misma, también quiero que lo reflejes en la manera en que te relacionas con los demás, porque un corazón cansado suele exigir más, presionar más y frustrarse con mayor facilidad, mientras que un corazón que aprende a descansar en mí comienza a responder con calma, a dar espacio y a no colocar sobre otros cargas que yo no coloco sobre ti.

No te estoy llamando solo a sentirte mejor, te estoy llamando a vivir diferente.

Quiero que te detengas y observes lo que estás cargando hoy, no desde la costumbre, sino con intención. Pregúntate si eso que llevas te acerca a mí o te aleja, si te da paz o te la quita, si te sostiene o te desgasta. Y aquello que no venga de mí, no lo sigas cargando.

Yo sigo siendo el mismo.

No estoy esperando que lo hagas todo bien para darte descanso, ni estoy midiendo tu desempeño para acercarme a ti. No te estoy colocando una carga imposible, sino invitándote a caminar conmigo de una manera donde tu alma no viva agotada.

Y cuando aprendas a caminar así, vas a entender algo que cambia completamente tu manera de vivir: no necesitas esperar a que todo esté en orden para descansar, porque el descanso que te doy no depende de lo que pasa afuera, sino de cómo caminas conmigo por dentro.

Capítulo 6

No vine para agradar a todos... y tú tampoco tienes que hacerlo

Hay una presión que no siempre viene de lo que otros dicen, sino de lo que sientes que debes ser para no decepcionar a nadie. Es una presión silenciosa, constante, que te lleva a medir tus palabras, tus decisiones y hasta tus emociones, no desde lo que es verdadero, sino desde lo que será aceptado. Y sin darte cuenta, comienzas a vivir más pendiente de cómo te perciben que de cómo estás caminando realmente.

Cuando estuve entre ustedes, hubo momentos en los que las multitudes me seguían, escuchaban lo que decía y parecían estar de acuerdo conmigo, pero también hubo momentos en los que mis palabras confrontaban lo que esperaban escuchar. En una ocasión, después de haber alimentado a muchos, comenzaron a buscarme no por lo que yo era, sino por lo que podían recibir de mí. Querían más de lo mismo, más señales, más beneficios, más comodidad, pero cuando hablé con verdad, cuando les mostré algo más profundo, algo que requería una decisión real, muchos dejaron de seguirme.

No ajusté mi mensaje para que se quedaran.

No suavicé la verdad para ser aceptado.

No cambié quién soy para mantener su aprobación.

Los vi irse.

Y aun así, no corrí detrás de ellos para convencerlos de quedarse.

Esto es importante que lo entiendas, porque muchas veces has aprendido a pensar que, si alguien se aleja, es porque hiciste algo mal, o que si no todos están de acuerdo contigo, entonces debes cambiar para evitar ese rechazo. Has asociado la aceptación con el valor y la aprobación con la dirección, y eso te ha llevado a vivir con una carga que no te corresponde.

Yo no viví así.

Hubo momentos en los que fui rechazado, momentos en los que mis palabras incomodaron, momentos en los que no todos entendieron lo que estaba diciendo, pero en ninguno de esos momentos dejé que la reacción de otros definiera lo que debía hacer. No vivía para sostener la aprobación de las personas, vivía para permanecer en lo que sabía que era verdad.

Eso es lo que quiero enseñarte.

No te estoy llamando a ignorar a las personas ni a vivir sin amor, pero tampoco quiero que construyas tu vida alrededor de la necesidad de agradar a todos. Porque cuando haces eso, dejas de caminar con claridad y comienzas a moverte desde el miedo. Miedo a decepcionar, miedo a ser malinterpretada, miedo a perder la aceptación de quienes te rodean.

Y ese miedo te desgasta.

Te hace dudar de decisiones que ya sabes que debes tomar, te hace quedarte en lugares donde ya no hay crecimiento y te hace callar cuando deberías hablar. Poco a poco, comienzas a adaptarte tanto a lo que otros esperan que pierdes la claridad de lo que yo te estoy mostrando.

Por eso quiero que entiendas algo con claridad, hija: no todos van a entenderte, no todos van a estar de acuerdo contigo, y no todos van a quedarse, y eso no significa que estés caminando mal.

Significa que estás siendo fiel.

Cuando hablé con mis discípulos después de que muchos se fueron, no les pedí que ajustaran lo que habían escuchado para hacerlo más aceptable. Les pregunté si ellos también querían irse, no porque los estuviera rechazando, sino porque la decisión de quedarse no puede nacer de la presión, sino de la convicción. Ellos permanecieron, no porque todo fuera fácil de entender, sino porque habían reconocido algo más profundo.

Eso es lo que quiero formar en ti.

No una vida que depende de la aprobación externa, sino una que se sostiene en lo que has entendido de mí. Porque cuando vives desde la necesidad de agradar, siempre estarás ajustándote, pero cuando vives desde la verdad, comienzas a caminar con firmeza.

Y esto también transforma la manera en que te relacionas con los demás.

Cuando ya no necesitas aprobación para sentirte segura, dejas de manipular situaciones para ser aceptada, dejas de sobrecargarte intentando cumplir con todo y comienzas a amar de una manera más libre, sin presión, sin expectativas ocultas. Puedes dar sin sentir que tienes que recibir validación a cambio, puedes estar sin perderte en el intento de encajar.

No te estoy llamando a endurecerte ni a volverte distante, sino a vivir desde un lugar donde tu identidad no cambia según la opinión de otros. Porque si construyes tu vida sobre lo que las personas dicen o piensan, siempre será inestable, pero si la construyes en mí, puedes permanecer firme aun cuando todo a tu alrededor cambie.

Hija, deja de medir tus decisiones por la reacción de otros. Deja de ajustar lo que sabes que es correcto solo para evitar incomodidad. Deja de vivir con el peso de tener que cumplir con expectativas que yo no he puesto sobre ti.

Mírame.

Yo no vine para agradar a todos, vine para cumplir con lo que debía hacer, y en ese camino amé, serví, hablé con verdad y me mantuve firme, aun cuando no todos lo aceptaron.

Eso mismo quiero para ti.

No una vida cómoda basada en aprobación, sino una vida firme basada en verdad.

Y cuando empieces a caminar así, vas a experimentar una libertad que antes no tenías, porque ya no dependerás de la opinión externa para sentirte segura, sino que comenzarás a vivir desde una convicción que nace de tu relación conmigo.

Esa es la libertad que quiero darte.

Capítulo 7

Hay momentos en los que todo dentro de ti quiere responder. No siempre porque tengas algo que demostrar, sino porque sientes que lo que se está diciendo no es justo, no es correcto o no refleja la verdad. En esos momentos, la reacción parece necesaria, casi inevitable, como si el silencio fuera una forma de perder o de dejar que otros definan lo que no es cierto.

Pero no todo lo que se dice necesita una respuesta, y no toda pregunta merece ser contestada.

Hubo ocasiones en las que se acercaron a mí con preguntas que no nacían de un deseo sincero de entender, sino de la intención de probarme, de atraparme o de hacerme quedar mal delante de otros. No siempre buscaban verdad; muchas veces buscaban una reacción. Me preguntaban con aparente interés, pero sus corazones ya habían decidido lo que querían hacer con mi respuesta.

En una de esas ocasiones, me cuestionaron sobre la autoridad con la que hablaba y actuaba. No era una pregunta inocente, era una trampa. Entonces no respondí como esperaban. Les hice una pregunta acerca de Juan, y al verse confrontados, comenzaron a razonar entre ellos, no buscando verdad, sino calculando qué respuesta les convenía más. Cuando finalmente dijeron que no sabían, yo tampoco les respondí. No porque no tuviera la respuesta, sino porque entendía que no estaban dispuestos a recibirla.

En otra ocasión, intentaron ridiculizarme con una historia elaborada, una pregunta que parecía profunda pero que en realidad estaba diseñada para burlarse y exponer. Me hablaron de una mujer que había tenido varios esposos y quisieron llevar la conversación a un lugar donde pensaban que no habría salida. Pero no respondí desde la provocación, ni desde la necesidad de defenderme. Respondí con verdad, pero sin entrar en su intención. No alimenté el juego, sino que expuse la falta de entendimiento detrás de su pregunta.

Eso es algo que necesitas ver con claridad.

No toda pregunta es una oportunidad para explicar.

No toda conversación es un espacio para construir.

No toda persona está lista para escuchar lo que es verdadero.

Y cuando no hay disposición, responder no transforma, solo desgasta.

Hay situaciones en tu vida donde esto también ocurre. Momentos en los que alguien dice algo que no refleja la verdad, donde sientes que debes aclarar, explicar o defender lo que sabes que es correcto. Pero si observas con atención, no todas esas situaciones tienen apertura, no todas buscan entendimiento, y no todas merecen tu energía.

Por eso necesitas aprender a discernir.

Porque el dominio propio no se demuestra diciendo todo lo que sabes, sino sabiendo cuándo no decirlo. No se trata de callar por miedo, sino de elegir no reaccionar cuando la reacción no va a producir fruto. Hay una diferencia entre hablar con intención y responder por impulso, y esa diferencia define la paz con la que caminas.

El silencio correcto no es ausencia de respuesta, es una decisión guiada.

Es reconocer cuándo una palabra edifica y cuándo solo prolonga un conflicto. Es entender que no necesitas defender constantemente lo que eres, ni justificar cada decisión para ser validada. Cuando tienes claridad interna, no dependes de cada conversación para sostenerte.

Hubo momentos en los que hablé con firmeza, y otros en los que guardé silencio, y esa diferencia no estaba determinada por la presión externa, sino por la intención detrás de lo que tenía delante. No reaccionaba por urgencia, respondía con dirección.

Eso es lo que quiero enseñarte.

No quiero que vivas reaccionando a todo lo que escuchas, ni que sientas la necesidad de responder a cada comentario, ni que entres en conversaciones que no tienen espacio para la verdad. Quiero que aprendas a reconocer cuándo hablar y cuándo no hacerlo, cuándo una respuesta construye y cuándo simplemente te desgasta.

Porque cuando respondes desde la emoción del momento, pierdes claridad, pero cuando eliges con intención, mantienes tu paz.

Esto también transforma la forma en que te relacionas con los demás. Cuando no hay dominio propio, reaccionas rápido, corriges desde la emoción y buscas cerrar cada conversación con una respuesta. Pero cuando aprendes a vivir con claridad, ya no necesitas tener la última palabra ni convencer a todos.

Puedes permanecer firme sin desgastarte, porque entiendes que tu valor no depende de que otros estén de acuerdo contigo.

No todo tiene que resolverse en el momento. No todo necesita ser explicado de inmediato. Hay conversaciones que no van a cambiar con más palabras, y hay momentos donde el silencio protege más de lo que una respuesta podría lograr.

Antes de responder, detente.

Observa no solo lo que se está diciendo, sino lo que hay detrás. Pregúntate si hay apertura o solo provocación, si hay intención de entender o solo de confrontar. No te dejes llevar por la urgencia de reaccionar, porque no todo lo urgente es importante.

Cuando aprendes a vivir así, algo cambia dentro de ti. Dejas de reaccionar a todo lo que ocurre a tu alrededor y comienzas a moverte con una estabilidad diferente. Ya no respondes para defenderte, respondes cuando es necesario, y cuando no lo es, tu silencio se convierte en una forma de mantener tu dirección.

Y en ese lugar, donde ya no reaccionas por impulso, sino que eliges con claridad, comienzas a experimentar una autoridad que no necesita imponerse, porque ya está establecida dentro de ti.

Capítulo 8

Todo a tu alrededor sigue moviéndose, las personas continúan buscando, pidiendo y esperando algo de ti, y detenerte parece no ser una opción, no porque alguien te obligue, sino porque dentro de ti sientes que debes estar disponible, responder y seguir, como si apartarte fuera una forma de fallar o de descuidar lo que tienes delante.

Pero no todo lo que es necesario para otros es lo que yo te estoy pidiendo en ese momento.

Hubo ocasiones en las que las multitudes me buscaban, en las que las personas venían con necesidad, con urgencia, con expectativas, y aun así, me apartaba. No porque no me importaran, ni porque no tuviera compasión, sino porque entendía algo que tú también necesitas aprender: no puedes sostener lo que no nace desde un lugar alineado.

En una de esas ocasiones, después de haber estado con muchos, sanando, enseñando y respondiendo a lo que tenían delante, me levanté muy temprano, cuando aún estaba oscuro, y me fui a un lugar apartado. No era un escape, ni una desconexión del mundo, era una decisión intencional de volver a lo que me sostenía. Me aparté para estar con el Padre, para escuchar, para permanecer, para alinear mi corazón antes de volver a lo que otros esperaban de mí.

Y esto es importante que lo entiendas bien, porque apartarte no significa desaparecer, ni aislarte sin propósito, ni desconectarte de tu vida. Apartarte es dirigir tu atención, es callar lo externo para poder escuchar con claridad lo que viene de mí.

Cuando te apartas, no solo cambias de lugar, cambias de enfoque.

Es en ese espacio donde dejas de escuchar tantas voces al mismo tiempo, donde el ruido disminuye y tu interior comienza a ordenarse. Es donde puedes hablar conmigo sin prisa, sin presión, sin la urgencia de tener que responder a todo lo demás. Es donde tu mente se aquieta y tu espíritu se vuelve más sensible a mi dirección.

Por eso me apartaba.

No porque no hubiera más que hacer, sino porque sabía que sin ese espacio, todo lo que hiciera después perdería claridad. No vivía reaccionando a cada necesidad, vivía respondiendo desde lo que recibía en ese lugar.

Eso es lo que quiero enseñarte.

No un apartarte físico solamente, sino un apartarte interno, donde decides detener el ruido, donde eliges no llenarte de todo lo que viene de afuera y haces espacio para escuchar. Ese espacio puede ser en silencio, en oración, en momentos donde dejas de hablar para empezar a oír, donde no vienes a cumplir una forma, sino a relacionarte conmigo de manera real.

Ahí es donde comienza a cambiar tu manera de vivir.

Porque cuando te apartas así, empiezas a discernir mejor. Comienzas a notar la diferencia entre lo que es urgente y lo que es importante, entre lo que otros esperan y lo que yo te estoy guiando a hacer. Tu mente deja de correr en todas las direcciones y tu corazón empieza a alinearse.

Yo te dejé mi Espíritu para que no caminaras sola, para que tuvieras guía, dirección y sabiduría en cada decisión. Pero si todo el tiempo estás rodeada de ruido, de presión y de demandas constantes, te será difícil reconocer su voz. No porque Él no esté hablando, sino porque no estás haciendo espacio para escucharlo.

Apartarte te permite eso.

No es desconectarte de tu vida, es conectarte correctamente para poder vivirla con claridad.

Mientras yo estaba en ese lugar apartado, me buscaron. Querían que regresara, que continuara, que siguiera haciendo lo que ya había comenzado, porque había necesidad, porque había personas esperando, porque había demanda. Pero no regresé desde la presión, regresé desde la dirección.

Y eso es lo que cambia todo.

Porque cuando vuelves desde ese lugar, ya no respondes a todo por impulso, ni te dejas arrastrar por la urgencia de otros. Responds con claridad, con intención y con paz. Ya no cargas lo que no te corresponde, ni te sobrecargas intentando sostenerlo todo.

Esto también transforma la manera en que te relacionas con los demás.

Cuando no te apartas, terminas dando desde el agotamiento, desde la presión o desde la obligación. Pero cuando aprendes a apartarte conmigo, comienzas a dar desde un lugar distinto, desde la paz, desde la dirección, desde una sabiduría que no viene de ti sola, sino de lo que has recibido en ese espacio.

Por eso no veas el apartarte como una pausa innecesaria.

Es una parte esencial de cómo quiero que vivas.

No todo requiere tu presencia constante. No todo necesita tu respuesta inmediata. Hay momentos donde detenerte, hacer espacio y volver a centrarte no es perder tiempo, es prepararte para vivir de la manera correcta.

Aprende a apartarte.

No desde la culpa, sino desde la intención.

No como escape, sino como dirección.

No para desconectarte, sino para escuchar.

Porque cuando haces espacio para mí, algo se ordena dentro de ti. Tu mente se aclara, tu corazón se alinea y tu manera de responder cambia.

Y cuando vuelves, ya no lo haces desde la presión… sino desde la sabiduría.

Capítulo 9

Es posible que hayas aprendido a pensar que yo estoy presente únicamente en los momentos importantes, en aquello que consideras espiritual o en situaciones que parecen más significativas. Tal vez me has buscado en medio de decisiones grandes, en tiempos de necesidad o en momentos donde sientes que no puedes sola, pero no siempre en lo cotidiano, en lo que parece simple, en lo que se repite cada día sin llamar demasiado la atención.

Sin darte cuenta, puedes haber dividido tu vida en dos partes: aquello que consideras "de Dios" y aquello que ves como parte normal de tu rutina. Pero yo no vine para ocupar un espacio limitado dentro de tu vida, vine para caminar contigo en todo lo que eres y en todo lo que vives, sin separar lo importante de lo cotidiano, porque ambos forman parte de tu realidad.

Cuando estuve entre ustedes, no me movía únicamente en momentos extraordinarios. Estuve en una boda, en medio de una celebración donde las personas compartían, reían y vivían algo completamente normal. No era un escenario que pareciera espiritual en la forma en que muchos lo entienden, y aun así estuve presente, atento a lo que estaba ocurriendo, interviniendo cuando fue necesario sin alterar la naturalidad de ese momento.

También me senté a la mesa con personas, compartí comidas, entré en casas, caminé por caminos simples y escuché conversaciones que no siempre tenían un propósito profundo. Gran parte de lo que viví ocurrió en lo que muchos considerarían cotidiano, en lo que no parece extraordinario, pero que en realidad forma la mayor parte de la vida.

Nada de eso fue casual.

Quise mostrarte que mi presencia no depende de que el momento sea especial ni de que el ambiente parezca espiritual. Estoy presente en lo simple, en lo que haces cada día, en lo que piensas mientras avanzas, en las conversaciones que tienes y en las decisiones pequeñas que tomas sin detenerte demasiado a analizarlas.

Tu vida no se construye solo en momentos grandes, se forma en lo constante, en lo que repites, en lo que haces sin darte cuenta, y es precisamente ahí donde quiero estar contigo.

No quiero que me busques únicamente cuando necesitas una respuesta urgente o cuando algo no está bien. Tampoco quiero que sientas que necesitas crear un espacio específico para poder acercarte a mí. Quiero que aprendas a vivir consciente de mi presencia en medio de lo que ya haces, en tu día a día, en lo que parece normal.

Estoy contigo en lo que piensas, en cómo respondes, en las decisiones que tomas y en los momentos donde nadie más está observando. No soy alguien que aparece solo en ciertas circunstancias, soy alguien que permanece, y cuando comienzas a entender esto, tu relación conmigo deja de ser momentánea y se convierte en constante.

Entonces, lo que antes parecía insignificante comienza a tener valor, porque entiendes que no hay parte de tu vida donde esté ausente. Lo cotidiano deja de sentirse vacío y se convierte en un espacio donde puedes vivir con intención, donde puedes escuchar con mayor claridad y donde puedes ser guiada incluso en lo más sencillo.

No necesitas esperar a que algo extraordinario ocurra para acercarte a mí, ni cambiar completamente tu entorno para encontrarme. Estoy presente en lo que ya estás viviendo, en lo que forma tu día, en lo que haces sin detenerte demasiado a pensarlo, y cuando comienzas a vivir consciente de eso, algo dentro de ti se alinea.

Tu manera de pensar cambia, tu forma de actuar se vuelve más intencional y tu relación conmigo deja de ser algo que visitas en ciertos momentos para convertirse en algo que vives constantemente. No vine para ser parte de tu vida solo en ocasiones específicas, vine para caminar contigo en todo momento.

Capítulo 10

Ama... como el buen samaritano

Cuando me preguntaron qué era necesario para vivir correctamente delante de Dios, la conversación no comenzó con una historia, sino con una verdad clara: amar a Dios con todo tu corazón, con todo tu ser y con todo lo que eres, y amar a tu prójimo como a ti misma. Esa no era una idea desconocida para quienes escuchaban, pero entenderla verdaderamente era otra cosa, porque es posible conocer una verdad y aun así no vivirla.

Por eso surgió una pregunta que parecía sencilla, pero que revelaba una intención más profunda: quién es realmente el prójimo. No era una pregunta inocente, era una forma de limitar el alcance del amor, de establecer hasta dónde debía llegar y a quién aplicaba, porque es más fácil amar cuando puedes definir claramente a quién sí y a quién no.

Entonces respondí con una historia, no para dar una definición, sino para mostrar cómo se ve el amor cuando es real.

Un hombre descendía por un camino conocido por su peligro, y en ese trayecto fue atacado, herido, despojado de todo y dejado a un lado sin fuerzas, en una condición donde no podía levantarse ni ayudarse a sí mismo. Era una escena que colocaba a alguien completamente vulnerable, dependiendo de que otro decidiera detenerse.

Por ese mismo camino pasaron personas que conocían lo correcto, que entendían la ley y que podían reconocer lo que estaba ocurriendo, pero aun así continuaron su camino. No fue falta de conocimiento lo que los detuvo, sino la decisión de no involucrarse, porque detenerse implicaba interrumpir sus planes, asumir responsabilidad y acercarse a una situación que no les correspondía directamente.

Luego pasó alguien que no era el esperado, alguien que no estaba dentro del grupo que muchos consideraban ejemplo, pero al ver al hombre herido no siguió de largo, sino que se acercó. Ese acercarse marcó la diferencia, porque no se limitó a observar ni a sentir compasión, sino que decidió actuar. Atendió sus heridas, lo levantó, lo sostuvo, lo llevó a un lugar seguro y se aseguró de que continuara siendo cuidado, incluso más allá de ese momento.

Eso es lo que quiero que entiendas cuando te hablo de amar al prójimo.

No se trata únicamente de reconocer la necesidad, sino de responder a ella.

Y esta enseñanza no se quedó en ese camino, se extiende hasta tu vida hoy, porque aunque tal vez no te encuentres con alguien en esa misma condición física, sí te encuentras con personas que están heridas de otras maneras. Hay quienes están cargando dolor que no se ve, quienes atraviesan momentos donde no tienen paz, quienes necesitan ser escuchados y no saben cómo expresarlo, y en medio de eso, tú tienes una decisión.

Puedes seguir adelante como si nada ocurriera, o puedes detenerte y responder.

Amar hoy no siempre se verá como una escena evidente, muchas veces será algo más silencioso, pero igual de real. Será decidir escuchar cuando podrías ignorar, será dar tiempo cuando podrías seguir ocupada, será extender ayuda cuando no era tu responsabilidad directa, será estar presente cuando alguien lo necesita aunque no haya reconocimiento.

Tal vez pienses que no tienes mucho que dar, pero el amor no comienza en lo que tienes en abundancia, sino en lo que estás dispuesto a hacer con lo que tienes ahora. A veces lo que alguien necesita no es algo material, sino una presencia, una palabra o un momento de atención que le permita sentirse visto.

Por eso es importante que no endurezcas tu corazón frente a lo que tienes delante, porque muchas veces el problema no es no saber qué hacer, sino decidir no hacerlo.

Amar implica intención, implica disposición y muchas veces implica incomodidad, porque te lleva a detenerte cuando otros continúan y a involucrarte cuando sería más fácil mantener distancia. No siempre será conveniente ni visible, pero siempre será significativo, porque refleja lo que se está formando dentro de ti.

Cuando vives de esta manera, ya no amas solo desde lo que sientes, sino desde lo que has entendido, y tu vida deja de girar únicamente en lo que necesitas para incluir también lo que otros están viviendo.

Por eso, cuando terminé esa historia, no di una definición, sino que hice una pregunta, porque el punto no era identificar quién merece amor, sino en quién te estás convirtiendo tú.

No busco apariencia… busco tu corazón

Hay una forma de vivir que parece correcta desde afuera, una manera de actuar que cumple con lo esperado y que puede dar la impresión de cercanía conmigo, pero que no necesariamente refleja una relación real. Es una vida construida desde lo visible, desde lo que otros pueden notar y aprobar, mientras el interior permanece sin ser trabajado con la misma profundidad.

Cuando estuve entre ustedes, me encontré muchas veces con personas que conocían las Escrituras, que entendían lo que estaba escrito y que practicaban lo que consideraban correcto, pero cuya motivación estaba más enfocada en ser vistos que en ser transformados. Oraban en lugares donde todos podían observarlos, daban para que su generosidad fuera evidente y cuidaban cada detalle externo, pero su interior no reflejaba la misma coherencia que proyectaban hacia los demás.

Por eso hablé con claridad sobre esto, no para señalar sin propósito, sino para revelar algo que puede pasar desapercibido si no se examina con sinceridad. Les mostré que cuando la motivación se centra en la aprobación de otros, incluso lo que parece correcto pierde su valor delante de Dios, porque no nace de una relación, sino de una necesidad de reconocimiento. También les advertí que es posible honrar con palabras mientras el corazón permanece distante, y que una vida puede sostener una imagen adecuada sin experimentar una transformación real.

Esto no es algo que ocurre solo en otros, también puede suceder en ti si no prestas atención a lo que hay dentro de tu corazón. Puedes hacer lo correcto, puedes hablar de mí y puedes mantener una apariencia que otros valoran, pero si todo eso nace desde la costumbre, la presión o el deseo de cumplir, sin una conexión real conmigo, terminas viviendo una relación que no produce cambio en lo profundo.

No estoy buscando perfección en tu comportamiento externo, sino verdad en tu interior. Lo que ocurre dentro de ti es lo que finalmente define tu vida, aunque no siempre sea visible para los demás. Cuando hablaba a quienes vivían desde la apariencia, les mostré que podían cuidar lo externo mientras lo interno permanecía desordenado, y que esa falta de coherencia terminaba creando una distancia que no siempre reconocían.

Por eso es necesario que aprendas a mirar hacia adentro con honestidad, no desde la culpa ni desde la condena, sino desde el deseo de alinear tu vida. Cuando tu interior y tu exterior no están en armonía, se genera una tensión constante, una carga que no viene de mí, porque exige sostener algo que no corresponde con lo que realmente estás viviendo. En cambio, cuando hay coherencia, cuando lo que haces nace de un corazón conectado conmigo, todo se vuelve más ligero, más sincero y más estable.

Quiero formarte en esa dirección, no hacia una vida que se vea bien por fuera, sino hacia una vida que sea verdadera en lo profundo. No hacia una relación basada en cumplir con lo esperado, sino en conocernos de manera real. No hacia una imagen que impresiona a otros, sino hacia un corazón que responde a lo que estoy haciendo en ti.

Por eso, cuando ores, no necesitas hacerlo de una manera que busque aprobación ni usar palabras que suenen correctas delante de otros; puedes acercarte en lo secreto, con sinceridad, sin construir una imagen. Cuando des, no necesitas hacerlo para ser reconocida, sino desde una intención que no depende de lo que otros vean. Y en tu manera de vivir, no necesitas sostener una apariencia que no refleja tu interior, sino permitir que lo que hay dentro de ti sea transformado con verdad.

Yo no miro como miran los demás, ni evalúo tu vida por lo visible, sino por lo que ocurre en tu interior. Y cuando comienzas a vivir desde ese lugar, algo cambia en tu relación conmigo, porque ya no te acercas para aparentar, sino para ser transformada, ya no sostienes una imagen, sino que permites que tu corazón sea trabajado, y ya no necesitas cumplir para sentirte aceptada, porque comienzas a vivir desde una relación real.

Habla conmigo... no necesitas hacerlo perfecto

Hay una idea que muchas veces se forma dentro de ti, aunque no siempre la notes, y es que para acercarte a mí necesitas hacerlo de una manera específica, como si existiera una forma correcta de hablar, un momento ideal o una condición previa que debes cumplir antes de poder tener una relación real conmigo. Esa forma de pensar puede hacer que retrases ese acercamiento, esperando sentirte lista, esperando entender mejor o esperando que algo en ti cambie antes de dar ese paso.

Pero la relación conmigo nunca ha comenzado desde la perfección, sino desde la disposición de acercarse.

Hubo un hombre llamado Zaqueo, conocido en su ciudad no solo por su riqueza, sino también por la forma en la que había construido su vida, una manera que lo había alejado del respeto de muchos. Cuando escuchó que yo pasaría por allí, quiso verme, pero no sabía cómo acercarse. Había una multitud alrededor y, por su estatura, no podía ver con facilidad, así que hizo algo que nadie esperaba de alguien como él: corrió hacia adelante y se subió a un árbol para poder verme pasar.

No fue una acción elegante ni planeada, no fue la forma "correcta" de acercarse según lo que otros podrían pensar, pero fue real. Estaba allí, con lo que tenía, con el deseo que llevaba dentro, sin tratar de aparentar algo distinto.

Cuando llegué a ese lugar, no ignoré lo que estaba pasando. Me detuve, lo miré y lo llamé por su nombre, y le dije que bajara, porque iba a quedarme en su casa. No esperé a que él cambiara primero, ni a que se presentara de una mejor manera, ni a que demostrara algo antes de acercarme. Fui hacia él tal como estaba, y en ese encuentro ocurrió algo profundo, no porque yo le impusiera condiciones, sino porque su corazón estaba abierto.

Su respuesta no fue forzada, fue genuina. Decidió dar, decidió cambiar, decidió actuar de manera distinta, pero eso no nació de una exigencia externa, nació de haber tenido un encuentro real.

También hubo otro momento donde alguien se acercó con una vida que, desde afuera, parecía correcta. Era una persona que había cumplido con lo que estaba establecido, que conocía lo que debía hacer y que buscaba una respuesta clara. Sin embargo, cuando entendió lo que implicaba seguirme, no estuvo dispuesto a soltar aquello que ocupaba el primer lugar en su vida, y aunque tuvo la oportunidad de acercarse más, decidió irse.

No fue falta de palabras.

Fue falta de disposición.

Y hubo también quien no se atrevió a acercarse directamente, como aquella mujer que llevaba años enferma, que había gastado todo lo que tenía buscando solución y que, al verme pasar entre la multitud, pensó que tal vez no era digna de hablarme. En lugar de llamarme, decidió acercarse en silencio, extendió su mano y tocó mi manto, creyendo que con eso sería suficiente.

Ese gesto no fue perfecto, pero fue suficiente para que ocurriera un encuentro real.

Todo esto muestra algo que necesitas entender con claridad.

No existe una sola forma correcta de acercarte a mí.

No necesitas palabras elaboradas ni una estructura perfecta. No necesitas esperar a tener todo resuelto ni a sentirte completamente lista. Puedes acercarte con lo que tienes, con lo que sientes y con lo que estás viviendo en este momento.

La oración no es un discurso que debes construir, es una relación que puedes vivir.

No se trata de decir lo correcto, sino de hablar con verdad. No se trata de cumplir con una forma, sino de abrir tu corazón. Porque yo no estoy esperando una versión perfecta de ti, estoy dispuesto a encontrarte donde estás.

Cuando dejas de intentar hacerlo perfecto y comienzas a acercarte de manera real, algo cambia dentro de ti. La distancia desaparece, la presión se disuelve y la relación deja de sentirse complicada. Ya no estás intentando cumplir con una expectativa, estás construyendo un vínculo.

Por eso no necesitas seguir esperando.

Puedes acercarte ahora, tal como estás.

Capítulo 13

Cuando no entiendas... confía en mí

Habrá momentos en tu vida en los que no entenderás lo que estás atravesando, momentos en los que mirarás lo que está delante de ti y dentro de ti surgirá un deseo sincero de que las cosas sean diferentes, de que el proceso cambie, de que el dolor no tenga que vivirse de esa manera, porque hay situaciones que no solo cuestan entender, sino que también cuestan aceptar, y en medio de eso es natural que tu corazón quiera encontrar otra salida.

En una de esas noches, en el huerto de Getsemaní, me encontré exactamente en ese lugar, no como alguien ajeno al dolor, sino como alguien que lo estaba experimentando con toda su intensidad, consciente de lo que venía, consciente del proceso que estaba por delante, y aun así sintiendo el peso real de tener que atravesarlo, porque saber el propósito no elimina la carga del momento.

En ese espacio me aparté para orar, llevando conmigo todo lo que estaba sintiendo, sin esconderlo, sin disfrazarlo, sin intentar hacerlo más ligero de lo que era, y hablé con el Padre desde la verdad de ese instante, diciendo: "Padre, si es posible, pase de mí esta copa", porque sí, había un deseo real de que ese dolor no tuviera que vivirse, de que el proceso pudiera ser diferente, de que existiera otra manera.

Eso también es parte de la fe.

Reconocer lo que sientes sin negarlo.

Pero no me detuve ahí.

En medio de ese mismo momento, sin que el dolor desapareciera, sin que la angustia se fuera, tomé una decisión que no dependía de lo que sentía, sino de lo que sabía, y continué diciendo: "pero no sea mi voluntad, sino la tuya", sometiendo lo que deseaba a un propósito mayor que en ese instante no se veía completamente desde lo humano, pero que era real.

El Padre podía hacerlo diferente.

Podía cambiar el proceso.

Podía evitar ese camino.

Pero no lo hizo, no porque no hubiera poder, sino porque había propósito.

Y eso es algo que tú también necesitas entender.

Habrá momentos en los que le pedirás a Dios que cambie lo que estás viviendo, momentos en los que dirás dentro de ti que si Él quiere, puede hacerlo de otra manera, que puede abrir la puerta más rápido, que puede evitar el dolor, que puede quitar la carga, y aunque eso es cierto, no siempre será la respuesta.

Porque no todo lo que duele debe ser removido.

Hay procesos que son necesarios.

Hay caminos que forman algo dentro de ti que no podría desarrollarse de otra manera.

En Getsemaní la angustia fue real, tan profunda que atravesaba todo, y eso muestra algo importante: yo sé lo que es sentir presión, sé lo que es la ansiedad del momento, sé lo que es desear que algo cambie y no verlo cambiar inmediatamente, y aun así, en medio de todo eso, la decisión fue confiar.

No porque todo se entendiera.

Sino porque había un propósito más grande.

Y así también será en tu vida.

Habrá momentos donde no entenderás por qué estás pasando por algo, donde sentirás que si Dios quisiera, todo podría ser más fácil, más rápido o menos doloroso, pero en medio de eso se te presenta la misma invitación: decidir si te quedas solo en lo que sientes o si confías en lo que no puedes ver completamente.

Porque los pensamientos de Dios son más altos que los tuyos, y su visión no está limitada a lo que tú alcanzas a comprender en el momento.

A veces querrás que las puertas se abran de inmediato y no lo harán.

A veces querrás evitar un proceso y tendrás que atravesarlo.

A veces querrás que algo termine rápido y tomará tiempo.

Y en medio de todo eso, no todo será pasivo, habrá momentos donde tendrás que levantarte, avanzar, tocar puertas, tomar decisiones, y otros donde tendrás que esperar, sostenerte y permanecer, pero en ambos casos hay algo que se mantiene igual: confiar.

Confiar cuando actúas.

Confiar cuando esperas.

Confiar cuando no entiendes.

Porque lo que estás viviendo no está fuera del propósito.

Aunque no lo veas completo ahora, hay algo que se está formando en ti, algo que está siendo trabajado en lo profundo, algo que no podría desarrollarse sin ese proceso, y así como en Getsemaní la copa no fue apartada porque había un propósito mayor, también en tu vida habrá momentos donde lo que no cambia no es falta de amor, sino parte de una obra más grande.

Y cuando decides rendirte de esa manera, no desde la resignación, sino desde la confianza, algo se afirma dentro de ti, una certeza que no depende de que todo esté claro, sino de saber en quién estás confiando.

Ahí es donde comienza una fe más profunda.

No cuando todo se entiende.

Sino cuando decides confiar aun sin entender.

Capítulo 14

Nunca has estado sola

Hay momentos en los que la soledad no tiene que ver con la ausencia de personas a tu alrededor, sino con lo que ocurre dentro de ti, porque puedes estar acompañada y aun así sentir un vacío que no logras explicar, un silencio que pesa y una sensación de desconexión que aparece cuando esperas respuesta y no la percibes, cuando hablas y no ves cambios, cuando sigues avanzando por fuera pero por dentro algo parece detenerse sin que sepas cómo resolverlo.

Ese tipo de soledad no siempre es visible, pero es profundamente real, y en medio de esa experiencia es fácil comenzar a interpretar lo que sientes como si fuera una evidencia de lo que está ocurriendo, como si el silencio significara ausencia o como si la falta de respuesta inmediata indicara que algo se ha movido en la relación, pero no todo lo que percibes refleja lo que es verdad.

En uno de los momentos más intensos que viví, mientras estaba en la cruz, el dolor no se limitaba a lo físico, aunque cada parte de mi cuerpo lo experimentaba en medio del cansancio, la dificultad para respirar y el peso de permanecer allí, expuesto ante todos, sino que también había una carga espiritual profunda, un peso invisible que no podía verse desde afuera pero que estaba ocurriendo en lo más interno, y en medio de ese momento, rodeado de miradas, de voces, de un ambiente donde parecía que todo estaba llegando a su punto final, expresé en voz alta: "Dios mío, Dios mío, ¿por qué me has abandonado?", palabras que han sido recordadas por muchos y que no nacieron de una separación real con el Padre, sino de la intensidad de lo que se estaba viviendo en ese instante, una experiencia donde el dolor y el silencio se sintieron de una manera tan profunda que lo único que podía salir era esa expresión.

Ese momento no definía la realidad completa, pero sí reflejaba lo que se sentía en ese punto del proceso, y por eso es importante que lo entiendas, porque hay momentos en los que tú también puedes sentir que algo no está como antes, que hay silencio donde esperabas respuesta o que no percibes la cercanía de la misma manera, y en medio de eso tu corazón puede inclinarse a pensar que estás sola o que has sido dejada, aunque eso no sea lo que realmente está ocurriendo.

Así como en ese momento el Padre no había dejado de estar, aunque la experiencia lo hiciera sentir de otra manera, tampoco se ha apartado de ti cuando atraviesas espacios donde no ves claridad, porque mi presencia no depende de lo que percibes ni cambia según tus emociones, y aunque lo que sientes es válido, no define la verdad de lo que está ocurriendo.

Puedes experimentar silencio sin que haya ausencia, puedes atravesar dolor sin que haya abandono y puedes sentirte sola sin estarlo, porque hay procesos donde mi presencia no se manifiesta como esperas, donde no hay respuestas inmediatas ni señales visibles, pero eso no significa que no estoy obrando, sino que hay algo que se está desarrollando en un nivel que no siempre puedes ver en el momento.

En medio de eso, no necesitas negar lo que sientes ni aparentar que todo está bien, porque puedes hablar conmigo desde la realidad de tu corazón, pero sí es importante que no construyas tu percepción únicamente desde lo que estás sintiendo, porque tus emociones pueden cambiar, pero lo que he establecido permanece, y cuando decides sostenerte en esa verdad, incluso sin sentirla completamente, algo comienza a alinearse dentro de ti.

No estás caminando sola, aunque en algunos momentos lo parezca, no has sido dejada, aunque el proceso sea más largo de lo que quisieras, y no has sido olvidada, aunque no veas lo que esperabas ver, porque mi presencia no se mueve con tus emociones ni desaparece en el silencio, sino que permanece constante aun cuando no puedes percibirla de la manera que deseas.

Y cuando aprendes a vivir desde esa certeza, incluso en medio de la incertidumbre, dejas de depender de lo que sientes para saber si estás acompañada y comienzas a caminar con una seguridad más profunda, una que no nace de la claridad inmediata, sino de saber que, aun en los momentos donde no entiendes y donde no ves, no estás sola.

Eres libre... de verdad

Es posible que durante mucho tiempo hayas asociado la libertad con lo que ocurre a tu alrededor, como si dependiera de que las circunstancias cambien, de que desaparezcan los problemas o de que todo se alinee de la manera en que esperas, pero la libertad de la que te hablo no nace fuera de ti, sino dentro, porque puedes tener todo a tu favor y aun así sentirte limitada por pensamientos, recuerdos o ideas que siguen ocupando un lugar en tu interior y condicionando la forma en la que vives.

Hay ataduras que no son visibles, pero que influyen en cada decisión, en la manera en la que te percibes y en cómo interpretas lo que te sucede, y muchas de ellas no provienen de lo que estás viviendo ahora, sino de lo que has aprendido a creer a lo largo del tiempo, de conclusiones que formaste en momentos pasados y que se han quedado contigo hasta el punto de parecer verdad, aunque no lo sean.

Por eso la libertad que vine a darte no se limita a cambiar situaciones externas, sino a transformar la forma en la que piensas, porque mientras tu interior siga atado a ideas que te limitan, tu vida seguirá reflejando esas mismas limitaciones aunque todo a tu alrededor cambie.

Cuando comienzas a vivir desde la verdad, algo empieza a moverse dentro de ti de manera firme, no como una emoción momentánea que aparece y desaparece, sino como una certeza que se establece poco a poco y que empieza a reemplazar todo aquello que antes te definía, llevándote a ver tu vida desde una perspectiva diferente que no está determinada únicamente por lo que has vivido, sino por lo que estoy formando en ti.

Muchas de las cargas que has sentido no nacen de tu realidad actual, sino de interpretaciones que se han repetido tanto que dejaron de cuestionarse, pensamientos que han permanecido el tiempo suficiente para parecer correctos y que han influido en cómo te ves, en lo que esperas de ti y en lo que crees posible, pero eso no significa que sean verdad, significa que han sido sostenidos sin ser confrontados.

La libertad comienza cuando dejas de aceptar automáticamente todo lo que pasa por tu mente y empiezas a reconocer qué pensamientos están alineados con lo que yo digo y cuáles no, porque no todo lo que sientes ni todo lo que piensas refleja quién eres realmente, y cuando empiezas a discernir eso, se abre un espacio donde ya no estás obligada a reaccionar de la misma manera en la que lo hacías antes.

Ese cambio no ocurre de forma instantánea ni depende de un esfuerzo externo constante, sino de una transformación interna que se va afirmando cada vez que decides no sostener lo que te limita y comienzas a vivir desde una verdad más profunda que no cambia según las circunstancias, permitiendo que tu manera de actuar, de decidir y de relacionarte deje de estar gobernada por lo que te ataba.

Cuando esa libertad se establece dentro de ti, deja de ser algo frágil o momentáneo y se convierte en una forma de vivir que permanece, aun en medio de desafíos, aun cuando hay cosas que no entiendes completamente, porque ya no depende de lo que ocurre afuera, sino de lo que ha sido afirmado en tu interior.

Y es en ese lugar donde comienzas a experimentar una vida distinta, no porque todo sea perfecto, sino porque ya no estás atada a lo que antes definía tus límites, y lo que antes te detenía pierde fuerza frente a lo que ahora sabes, permitiéndote avanzar sin cargar aquello que ya no tiene autoridad sobre ti.

No quiero religión contigo… quiero relación

Sé que en muchos momentos has intentado acercarte a mí haciendo lo que pensabas que era correcto, esforzándote por cumplir, por hacerlo bien y por no fallar, y aun así dentro de ti ha permanecido una sensación de que algo falta, como si la cercanía conmigo dependiera de alcanzar un nivel que nunca termina de llegar, y esa sensación no nació de lo que yo enseñé, sino de lo que con el tiempo se fue construyendo alrededor de mi nombre sin reflejar completamente mi corazón. Mientras caminaba entre las personas hubo grupos que se dedicaban a estudiar la ley y a enseñar a otros, pero en lugar de llevarlos hacia una relación viva con el Padre comenzaron a enfocarse en lo externo, en lo visible y en lo que podía ser medido por los demás, y por eso advertí claramente que tuvieran cuidado con ellos, porque les gustaba caminar con vestiduras largas, ser reconocidos en público, recibir saludos y ocupar los primeros lugares, no porque buscaran a Dios con sinceridad sino porque habían aprendido a sostener una imagen que los hacía ver correctos delante de otros, y lo que yo estaba señalando no era la ropa en sí, sino el corazón detrás de esa actitud, una forma de vivir donde lo importante se había vuelto lo visible, donde la apariencia había reemplazado la conexión y donde el reconocimiento había ocupado el lugar que le corresponde a la intimidad con Dios.

También hubo momentos en los que discutían sobre cosas externas como lavarse las manos según tradiciones específicas antes de comer, cuestionando por qué otros no seguían esas prácticas como si eso definiera la pureza de una persona, y fue entonces cuando les mostré que no es lo que entra por fuera lo que contamina al ser humano, sino lo que sale de su corazón, porque ahí es donde nacen las intenciones, las decisiones, las palabras y todo lo que realmente define la vida, y con eso te estaba mostrando algo que no ha cambiado, que puedes hacer todo correctamente por fuera y aun así no estar conectada por dentro, que puedes cumplir con normas, formas y hábitos visibles y aun así vivir lejos de una relación real conmigo, porque la vida no fluye desde lo externo, fluye desde el corazón, y aunque hoy no veas exactamente a los mismos grupos que estaban en ese tiempo, sí existen personas que ocupan posiciones de autoridad espiritual, pastores, ministros, maestros o líderes que, con el tiempo, han convertido ideas, interpretaciones o costumbres en reglas absolutas, colocando cargas que no nacen de mí, formando doctrinas que se sostienen más en la tradición que en lo que yo realmente enseñé, y por eso es importante que no tomes todo lo que escuchas como verdad sin llevarlo a la luz de lo que yo dije y de cómo viví.

Por eso necesitas aprender a depender del Espíritu Santo, porque no te dejé sola para interpretar ni para discernir, sino que te di una guía real que te lleva a la verdad, que te muestra lo que viene de mí y lo que no, y es ahí donde comienza una relación madura, cuando no vives dependiendo únicamente de lo que otros dicen, sino que comienzas a buscar por ti misma, a abrir la palabra, a leer lo que está escrito, a mirar mi vida, no solo mis milagros ni lo extraordinario, sino lo cotidiano, cómo hablaba, cómo respondía, cómo trataba a las personas, cómo corregía, cómo amaba, y cuando haces eso, empiezas a ver con claridad lo que realmente refleja mi corazón.

Puedes comenzar por los evangelios, por Mateo, Marcos, Lucas y Juan, y si quieres acercarte más a lo íntimo, puedes comenzar por Juan, porque ahí verás con mayor profundidad cómo hablaba y cómo me relacionaba, y al leer no lo hagas de manera superficial, sino volviendo una y otra vez, observando, preguntando, buscando entender qué estaba mostrando en cada momento, qué quería decir y cómo eso se aplica a tu vida, porque ahí es donde empiezas a formar identidad, no desde lo que te dijeron, sino desde lo que ves directamente en mí.

Y en ese proceso también aprenderás a distinguir algo importante, porque no todo lo que te hace sentir mal viene de mí, hay una diferencia entre una conciencia cargada por reglas humanas y la voz del Espíritu Santo que te guía con verdad, una cosa te lleva a culpa constante y a sentir que nunca es suficiente, y la otra te confronta con amor para transformarte, sin destruirte ni alejarte, y esa diferencia solo la puedes discernir cuando me conoces de verdad.

Por eso también confronté a quienes parecían correctos por fuera pero por dentro no habían sido transformados, porque es posible construir una vida que se vea bien sin que tenga vida real dentro, y eso no es lo que quiero contigo, porque yo no vine a enseñarte a parecer sino a vivir, y sé que en medio de todo eso muchas veces has sentido presión, como si tu relación conmigo dependiera de hacerlo todo bien, como si un error pudiera alejarte completamente o como si siempre estuvieras en riesgo de no ser suficiente, y esa forma de vivir no refleja mi voz, porque cuando yo hablo a tu vida no te dejo en inseguridad ni te mantengo dudando si estás conmigo o no, ni te hago vivir tratando de ganarte un lugar que ya te di.

Yo soy el camino, la verdad y la vida, y esa no es una frase para que la repitas sino una realidad para que la vivas, porque acercarte a mí no depende de cumplir con una forma externa sino de creer, de confiar y de permanecer en esa conexión donde tu vida comienza a alinearse desde adentro, y esa conexión no la estás construyendo sola, porque te dejé el Espíritu Santo no como una idea sino como una guía real que camina contigo, que te enseña, que te recuerda lo que te he hablado y que te da discernimiento en cada paso, formando dentro de ti una vida que no puedes producir por esfuerzo propio sino que se desarrolla cuando permaneces, y es ahí donde comienzas a entender que el Padre no ha pensado mal acerca de ti, que sus pensamientos son de bien y no de mal, que hay un propósito que no está diseñado para destruirte sino para darte un futuro y una esperanza, aun cuando en algunos momentos no lo veas con claridad.

Por eso puedes acercarte con confianza, no desde el miedo ni desde la presión, sino desde la certeza de que hay un trono de gracia abierto para ti, donde no llegas a ser juzgada sino a recibir ayuda, donde no vienes a esconderte sino a hablar, a decir lo que sientes, a expresar lo que te duele, a confiar incluso cuando no entiendes completamente lo que estás viviendo, porque no se trata de hacerlo perfecto, se trata de acercarte, de hablar conmigo, de depositar lo que llevas dentro, de entregar esa ansiedad que muchas veces has intentado cargar sola y que no fue diseñada para que la sostengas sin mí.

Cuando comienzas a vivir de esa manera, la relación deja de ser una idea y se vuelve real, porque ya no estás intentando cumplir para sentirte cerca, sino que comienzas a vivir cerca y desde ahí todo cambia, cambia tu forma de pensar, cambia tu forma de reaccionar, cambia tu forma de ver a los demás, porque un corazón que permanece conectado empieza a reflejar esa vida en lo cotidiano, en cómo amas, en cómo perdonas, en cómo sirves, en cómo puedes alegrarte por otros sin sentirte menos, en cómo puedes soltar lo que te dolió sin quedarte atrapada en ello, en cómo puedes caminar con una humildad que no necesita demostrar nada.

Eso no nace de la religión, nace de la relación, y esa relación no es distante, no es fría, no es complicada, es una conexión viva con el Padre, conmigo y con el Espíritu Santo, donde no tienes que sostener una imagen ni vivir bajo presión, sino donde puedes ser real, donde puedes permanecer, donde puedes descansar, porque cuando permaneces en mí, ya no necesitas preguntarte si estás haciendo lo suficiente, ni vivir con la duda constante de si estás bien conmigo, porque dejas de vivir intentando alcanzar algo y comienzas a vivir desde lo que ya te ha sido dado, y en ese lugar, donde la relación es real y no una carga, donde la cercanía no depende de tu perfección sino de mi presencia, es donde finalmente entiendes que no fuiste creada para vivir bajo presión, sino para vivir en comunión, y cuando tu vida se establece ahí, cuando sueltas el peso de tener que demostrar y decides simplemente acercarte, hablar, confiar y permanecer, es ahí donde todo se alinea dentro de ti y donde descubres que la libertad que tanto buscabas nunca vino de hacer más, sino de permanecer en mí.

Capítulo 17

Sé compasiva

Me gustaría que guardes estas palabras en tu corazón: muchas veces esto se ha malinterpretado, porque has escuchado que la salvación es por gracia, y es verdad, no viene de tus obras ni de tu esfuerzo, pero eso no significa que lo que haces con tu vida no tenga valor ni que tus acciones no reflejen la relación que tienes conmigo, porque una fe real no se queda en palabras ni en sentimientos, se manifiesta en cómo vives y en cómo tratas a los demás. Hablé claramente sobre esto, no como una enseñanza simbólica, sino como una realidad directa, cuando dije que tuve hambre y me diste de comer, tuve sed y me diste de beber, fui extranjero y me recibiste, estuve desnudo y me cubriste, enfermo y me visitaste, estuve en la cárcel y viniste a verme, y quienes escuchaban no entendían completamente, porque preguntaban cuándo había sucedido eso, cuándo me habían visto en esas condiciones, y fue entonces cuando les respondí que todo lo que hicieron por uno de los más pequeños, lo hicieron conmigo.

Quiero que te detengas en eso, porque no dije que lo pensaste ni que lo sentiste, dije que lo hiciste, porque la compasión verdadera no se queda en una emoción ni en un pensamiento, no se queda en decir "qué triste" y seguir adelante, la compasión que nace de una relación conmigo se mueve, actúa, responde, se involucra, porque cuando mi corazón vive en ti no puedes permanecer indiferente ante la necesidad. Sé que hay momentos en los que ves necesidad y no sabes qué hacer, o piensas que no tienes lo suficiente, o crees que lo que puedes dar es poco, pero no siempre se trata de grandes cosas, se trata de disposición, de abrir los ojos, de detenerte, de ver al otro, de no ignorar, de no pasar de largo, porque hay personas que no necesitan solo dinero, necesitan ser escuchadas, necesitan compañía, necesitan una palabra, necesitan sentir que alguien se detuvo por ellas.

Cuando haces eso no estás haciendo algo pequeño, lo estás haciendo conmigo, y eso cambia tu manera de vivir, porque ya no ves a las personas como interrupciones, las ves como oportunidades, ya no ignoras lo que pasa alrededor, comienzas a discernirlo, ya no vives centrada solo en ti, empiezas a mirar más allá, y en ese proceso algo dentro de ti también se afirma, porque comienzas a caminar con una conciencia clara de que estás viviendo de acuerdo a lo que has recibido, no para ganarte mi amor, sino porque ya lo has recibido. No te estoy diciendo esto para que intentes salvarte por tus obras, ya te salvé, te estoy mostrando cómo vive alguien que permanece en mí, cómo se ve una vida que está conectada, cómo actúa un corazón que ha sido transformado.

Porque puedes decir que crees y puedes decir que me conoces, pero si tu vida permanece indiferente, si puedes ver necesidad y no hacer nada cuando está en tu mano hacerlo, entonces necesitas volver a mirar mi corazón, no para condenarte, sino para alinearte, porque no te estoy llamando a hacer todo, te estoy llamando a no ignorar lo que sí puedes hacer, a no endurecer tu corazón, a no acostumbrarte a ver sin responder. Cada vez que decides actuar, cada vez que decides dar, cada vez que decides ayudar, no desde obligación sino desde un corazón dispuesto, algo se afirma dentro de ti, una certeza, una paz, una confianza de que estás caminando en lo correcto, y eso no nace de cumplir reglas, nace de vivir en relación, porque cuando permaneces en mí no puedes separar tu vida de lo que haces por otros, porque mi amor en ti se expresa hacia afuera, y lo que haces deja de ser un acto aislado y se convierte en una extensión de esa relación.

Así que no te quedes solo en sentir ni en pensar ni en decir, responde, da, acompaña, sirve, porque en cada acto de amor real, en cada respuesta sincera, en cada momento donde decides no pasar de largo, estás viviendo más cerca de mí de lo que imaginas, y cuando aprendes a vivir así, no desde la presión sino desde la relación, algo cambia en tu interior, porque comienzas a caminar con una paz distinta, una seguridad que no viene de lo que dices sino de cómo vives, y es ahí donde entiendes que no se trata solo de conocerme, sino de reflejarme, y cuando lo haces, aun en lo más simple, aun en lo que nadie ve, lo estás haciendo conmigo.

Yo te amo

Quiero que entiendas algo que no depende de cómo te sientes ni de lo que estás viviendo ahora mismo, y es que mi amor por ti no comenzó cuando hiciste lo correcto ni disminuye cuando fallas, sino que fue demostrado de la manera más profunda cuando el Padre envió a su Hijo al mundo, no para condenarte, sino para que por medio de mí fueras salva, y ese plan no fue superficial ni distante, fue el acto más real y más costoso, porque entregué mi vida por ti, para reconciliarte, para acercarte y para que no vivieras separada ni cargando con una culpa que no fuiste diseñada para sostener.

Yo sé lo que es vivir en este mundo, sé lo que es sentir el peso, la angustia y la presión, sé lo que es enfrentar momentos donde el dolor es real, donde las preguntas no tienen respuesta inmediata y donde el corazón se cansa, porque yo también estuve ahí, fui completamente humano, y por eso te dije claramente que en el mundo tendrías aflicciones, pero que confiaras, porque yo he vencido al mundo, y así como yo vencí, tú también vencerás, no porque seas fuerte por ti misma, sino porque yo estoy contigo.

Mi sacrificio en la cruz no fue simbólico ni lejano, fue real, fue doloroso y fue intencional, fue para salvarte, para que no vivieras bajo condenación, para que no tuvieras que esconderte, para que pudieras acercarte con confianza delante del Padre, no desde tu perfección, sino desde mi justicia, para que pudieras hablar tal como eres, sin máscaras, sin miedo, sabiendo que has sido recibida por gracia, no por obras, y que esa gracia no se rompe cada vez que fallas, sino que te sostiene mientras creces.

Por eso la salvación no es algo que alcanzas por esfuerzo, es algo que recibes cuando reconoces, cuando crees y cuando confiesas, cuando en lo profundo de tu corazón entiendes que me necesitas, que no puedes sola, que yo soy el camino, la verdad y la vida, y que fuera de mí no hay acceso al Padre, y cuando decides creer en mí, no como una idea, sino como Señor, como Salvador, como quien entregó su vida por ti, algo cambia dentro de ti, porque no estás repitiendo palabras, estás abriendo tu corazón a una realidad eterna, y si hoy quieres hacerlo real delante de mí, puedes decirlo ahí donde estás, con sinceridad, sin apariencia, hablándome como eres: Jesús, hoy te reconozco como mi Señor y mi Salvador, creo que eres el Hijo de Dios, creo en tu sacrificio en la cruz por mis pecados, recibo tu gracia, recibo tu perdón, te entrego mi vida, entra en mi corazón, transfórmame desde adentro y guíame por tu Espíritu Santo, hoy decido seguirte, confiar en ti y vivir la vida abundante que prometiste para mí.

Y cuando haces esto con un corazón sincero, no estás comenzando algo frágil, estás entrando en vida, porque la salvación no depende de que lo hagas perfecto después, depende de lo que ya fue hecho, y por eso puedes tener paz, no una paz superficial, sino una paz que viene de saber que has sido recibida, que has sido perdonada, que no estás fuera, que no estás intentando entrar, sino que ya has sido acercada por mí.

El Padre te ama.

Y yo te amo.

Y ese amor no es lejano, es personal, es cercano y es firme, yo sé lo que sientes, sé cuando te angustias, cuando dudas y cuando no entiendes, y no me aparto de ti en esos momentos, me acerco, porque no vine a dejarte sola en medio de tu proceso, vine a caminar contigo, y por eso te he dado mi Espíritu, para guiarte, para fortalecerte, para enseñarte, para que no vivas desde el miedo, sino desde el poder, el amor y el dominio propio que viene de mí.

Tú eres mi hija.

Eres mi amada.

No tienes que demostrarlo.

No tienes que ganarlo.

No tienes que alcanzarlo.

Solo cree.

Permanece en mí.

Y yo permaneceré en ti.

Y mientras caminas, aun en medio de procesos, aun en medio de crecimiento, aun en días donde todo parece claro y en días donde no entiendes nada, no olvides lo que es verdad por encima de todo lo que sientes.

Yo te amo.

Continúa tu transformación

Gracias por leer y permitir que Dios hable a tu vida.

Si este libro ha ministrado tu vida, tu reseña en Amazon puede ayudar a que otras mujeres también despierten al diseño de Dios.

www.ingramcontent.com/pod-product-compliance
Lightning Source LLC
Chambersburg PA
CBHW021115130726
47988CB00003B/1028